Mindfulness

SERIE INTELIGENCIA EMOCIONAL DE HBR

Serie Inteligencia Emocional de HBR

Cómo ser más humano en el entorno profesional

Esta serie sobre inteligencia emocional, extraída de artículos de la *Harvard Business Review*, presenta textos cuidadosamente seleccionados sobre los aspectos humanos de la vida laboral y profesional. Estas lecturas, estimulantes y prácticas, ayudan a conseguir el bienestar emocional en el trabajo.

Empatía

Felicidad

Mindfulness

Resiliencia

Otro libro sobre inteligencia emocional de la *Harvard Business Review*:

Guía HBR: Inteligencia Emocional

Mindfulness

SERIE INTELIGENCIA EMOCIONAL DE HBR

Reverté Management
Barcelona · México

Harvard Business Review Press
Boston, Massachusetts

© **Editorial Reverté, S. A., 2018**
Loreto 13-15, Local B. 08029 Barcelona – España
revertemanagement@reverte.com

© Begoña Merino Gómez, 2018, por la traducción

Colección dirigida por: Ariela Rodríguez / Ramón Reverté
Coordinación editorial: Julio Bueno
Maquetación: Reverté-Aguilar, S.L.
Revisión de textos: Mariló Caballer Gil

Impreso en España – *Printed in Spain*
ISBN: 978-84-946066-4-9
Depósito legal: B 2718-2018

Impresión: Liberdúplex, S.L.U.
Barcelona – España

1458

Contenidos

Mindfulness

SERIE INTELIGENCIA EMOCIONAL DE HBR

1

Mindfulness en la Era del Caos

Alison Beard entrevista a Ellen Langer

Las investigaciones que Ellen Langer ha realizado sobre el mindfulness durante más de cuarenta años han influido enormemente en distintas disciplinas, desde la economía conductual a la psicología positiva. Sus estudios revelan que, cuando dejamos de funcionar con el piloto automático y prestamos atención a lo que ocurre a nuestro alrededor, podemos reducir el estrés y potenciar nuestra creatividad y nuestro rendimiento. Por ejemplo, sus experimentos de «retraso del tiempo» mostraron cómo personas de avanzada edad mejoraban su salud mediante el sencillo procedimiento de actuar igual que lo hubieran hecho hace veinte años. En esta entrevista, Langer explica a la editora

Alison Beard su metodología aplicada al liderazgo y a la gestión empresarial en una época de creciente caos.

HBR: *Empecemos por lo elemental. ¿Qué es exactamente el mindfulness? ¿Cómo lo definiría?*

Langer: El mindfulness es el proceso de observar de forma activa los cambios. Cuando haces esto, te sitúas en el presente. Te haces más sensible al entorno y obtienes otra perspectiva. La clave está en la implicación. Se trata de un proceso que genera energía al mismo tiempo que la ahorra. Mucha gente cree equivocadamente que el mindfulness, el estar atentos al cien por cien, es estresante y agotador. Pero lo que de verdad es estresante son todos los juicios negativos que muy a menudo emitimos de forma automática y la preocupación ante la perspectiva de que nos vamos a topar con problemas que no seremos capaces de resolver.

Todos buscamos la estabilidad. Queremos que las cosas permanezcan como están y pensamos que, si queremos, podemos controlarlas. Pero la vida cambia constantemente; por tanto, eso no funciona. Lo cierto es que tal creencia hace que perdamos el control.

Pensemos en los procesos de trabajo. Cuando la gente afirma que: «Se hace de esta forma», no es verdad. Siempre existen muchas formas, y la forma que tú elijas debería depender del contexto del momento. No puedes resolver los problemas de hoy con las soluciones de ayer. Así que cuando alguien te diga: «Aprende esto porque es fácil y natural», deja que suene la alarma en tu cabeza, porque te sugiere una falta de conciencia. Las reglas que te marca son las reglas que han funcionado para esa persona que las creó y, cuanto más distinto seas de esa persona, peor funcionarán para ti. Cuando actúas de forma consciente, usas las reglas, los hábitos y los objetivos a modo orientativo, nunca dejándote gobernar por ellos.

Según tus investigaciones, ¿cuáles son los beneficios específicos de actuar de forma más consciente?

Un mejor rendimiento. Hicimos un estudio con intérpretes de música clásica que se morían de aburrimiento tocando las mismas piezas una y otra vez. Pero, como tienen una profesión socialmente muy bien considerada, no la abandonan fácilmente. Así que hicimos actuar a distintos grupos. A algunos les pedimos que repitieran una actuación anterior que les hubiera gustado; es decir, que tocaran bastante mecánicamente. A otros les pedimos que hicieran pequeñas aportaciones personales a su actuación, que estuvieran muy atentos para poder improvisar. No estaban tocando jazz, así que los cambios eran muy sutiles. Aun así, cuando personas que no sabían nada sobre la investigación escucharon las grabaciones de las sinfonías, la mayoría prefirieron las piezas que los músicos habían tocado prestando más atención. Y he ahí el quid de la cuestión: un grupo de intérpretes en el que cada cual hace las cosas a su manera resulta ser mejor. Algunos creen que, si permites que eso ocurra, acabará reinando el caos. Eso puede ocurrir cuando cada uno hace las cosas a su aire para rebelarse. Pero, si todos se enfocan hacia el mismo objetivo y están plenamente presentes, no hay razón para que no alcancen un rendimiento coordinado mucho mejor.

El mindfulness ofrece múltiples ventajas: prestar atención te resulta más fácil; recuerdas un mayor número de las cosas que has hecho; te vuelves más creativo; puedes aprovechar las oportunidades cuando se presentan; eres capaz de anticipar el peligro; te gusta más la gente, y tú les gustas más a los demás, porque eres menos crítico con ellos... Te vuelves más carismático.

Desaparecen la procrastinación y el arrepentimiento porque, cuando eres consciente de por qué estás haciendo algo, no te pones a hacer una cosa para posponer la otra. Si estás plenamente presente cuando decides dar prioridad a una tarea, trabajar en una empresa o crear un producto, ¿por qué vas a arrepentirte?

Me he dedicado casi cuarenta años a estudiar este tema, y en la mayoría de casos hemos visto que aplicar el mindfulness da resultados más positivos. Eso lo entiendes cuando ves que es una variable superior. No importa lo que hagas: comerte un bocadillo, hacer una entrevista, manejar un aparato, escribir un informe... puedes hacerlo con mindfulness o sin él. En el primer caso, dejas una huella en lo que haces. En los niveles superiores de cualquier disciplina (los directores ejecutivos de las cincuenta empresas de la lista Fortune, los artistas y músicos más reconocidos, los mejores deportistas, los profesores y mecánicos más brillantes) solo encontrarás a personas que son conscientes de lo que hacen, porque es la única forma de llegar a ese punto.

¿Qué indicios hay de la relación entre mindfulness e innovación?

Con Gabriel Hammond, un estudiante de posgrado, realicé una investigación en la que pedimos a los participantes que inventaran nuevas aplicaciones para productos que habían sido un fracaso. Preparamos a un grupo para que actuara sin emplear el mindfulness; para ello, les explicamos por qué el producto no había conseguido que se usara para lo que había sido diseñado originalmente (por citar un ejemplo famoso, el adhesivo fracasado de 3M). A otro grupo le preparamos para que aplicara el mindfulness y le explicamos las cualidades del producto: una sustancia que se adhiere solo durante un breve período. Naturalmente, las ideas más creativas para las nuevas aplicaciones procedieron del segundo grupo.

Además de investigadora, consultora y escritora, soy artista (desde mi punto de vista, cada una de esas actividades alimenta a la otra) y se me ocurrió la idea de estudiar el mindfulness y los errores mientras pintaba. Levanté la vista y vi que estaba usando el ocre cuando me había propuesto usar el magenta, así que empecé a intentar arreglarlo. Pero entonces me di cuenta de que había tomado la decisión de usar magenta unos segundos antes. Las personas hacemos esto constantemente. Empiezas a hacer algo dudando, tomas una decisión y, si te equivocas, crees que es un desastre. Pero en realidad solo estabas tomando una decisión; puedes cambiarla en cualquier momento, y quizás la alternativa resulte ser mejor. Cuando actúas con conciencia plena, los errores están de tu parte.

¿Por qué ser conscientes nos hace más carismáticos?

Esto ha sido demostrado en distintas investigaciones. Una de las primeras la hicimos con vendedores de revistas: los que practicaron el mindfulness vendieron más, y los compradores los consideraron más simpáticos. Más recientemente, indagamos en un problema con el que se encuentran muchas ejecutivas: si actúan con una actitud firme, siguiendo el estereotipo masculino, se las ve como malvadas, pero si adoptan una actitud femenina, se las ve débiles y malas líderes. Lo que hicimos fue pedir a dos grupos de mujeres que dieran discursos persuasivos. A uno de los grupos le dijimos que adoptara un papel masculino, y al otro que siguiera un estilo femenino. Luego pedimos a la mitad de cada uno de los grupos que diera el discurso aplicando el mindfulness, y vimos que la audiencia prefirió las conferenciantes que hablaron practicando el mindfulness, sin que importara el rol de género que hubiesen adoptado.

¿Te hace el mindfulness menos crítico con los demás?

Sí. En general, tenemos una tendencia innata a encasillar mentalmente a los otros: «Es rígido». «Es impulsiva». Pero, cuando «etiquetas» a los demás de esa manera, no tienes oportunidad de mejorar tu relación con ellos, ni de aprovechar sus habilidades. El mindfulness te ayuda a entender por qué la gente se comporta como lo hace. Para ellos se trata de un comportamiento lógico; de lo contrario, no actuarían así.

En un estudio pedimos a la gente que evaluara sus rasgos de carácter (lo que cambiarían de ellos si pudieran hacerlo y lo que más valoraban de sí mismos) y descubrimos algo muy curioso: las cualidades que las personas valoraban más de sí mismas solían ser versiones positivas de aquellas cualidades que querían cambiar. Así que la razón por la que no puedo dejar de ser impulsiva es porque valoro la espontaneidad. Esto implica que, si quieres que cambie mi conducta y que pase de impulsiva a espontánea, tendrías que convencerme para que empiece a desagradarme la espontaneidad. Pero es muy posible que, si consigues observarme desde una perspectiva más ecuánime (espontánea en lugar de impulsiva), no quieras cambiarme.

Gestión empresarial con mindfulness

¿Qué pueden hacer los mánagers para actuar con más conciencia plena?

Una estrategia es imaginar que tus pensamientos son completamente transparentes. Si así fuera, no pensarías algunas de las cosas horribles que piensas de los demás. Encontrarías una manera de entender el punto de vista de los otros.

Y cuando algo te molesta (tal vez alguien que te entrega un trabajo fuera de plazo o de forma distinta a cómo lo querías) pregúntate: «¿Es una tragedia o un inconveniente?». Seguramente se trata de lo segundo. Así sucede con la mayoría de cosas que nos molestan.

También le digo a la gente que piensen en *combinar* la vida y el trabajo, no en equilibrarlos. El «equilibrio» supone que son dos cosas opuestas, que no tienen nada en común. Pero no es cierto.

Las dos cosas giran en torno a la gente. Hay estrés en las dos. Hay plazos que cumplir. Si las llevas por separado, nunca aplicarás en un sitio lo que aprendas en el otro. Cuando practicamos mindfulness, nos damos cuenta de que las categorías las inventamos las personas, y entonces dejan de limitarnos.

Hay que recordar también que el estrés no depende de los acontecimientos, sino de cómo tú te los tomes. Piensas que va a suceder algo que, cuando pase, será horrible. Pero la predicción es una ilusión: no sabemos qué va a pasar. Por ejemplo, date cinco razones por las que creas que no vas a perder el trabajo. Luego, piensa en cinco beneficios que obtendrías si lo perdieras (nuevas oportunidades, más tiempo con tu familia, etc.). Ahora has conseguido cambiar tu forma de pensar en negativo a pensar en positivo: pase lo que pase, estarás bien.

Si te sientes abrumado por tus responsabilidades, usa la misma estrategia: cuestiónate la creencia de que eres el único que puede cumplirlas, de que hay solo una forma de hacerlo y de que la empresa se hundirá si no lo haces. Cuando abres tus perspectivas para aplicar el mindfulness, el estrés simplemente desaparece.

El mindfulness te ayuda a darte cuenta de que no hay resultados positivos o negativos. Están las opciones A, B, C, D y muchas más, cada una con sus retos y sus oportunidades.

El equipo que dirijo me muestra su desacuerdo. La gente cuestiona con vehemencia las diferentes estrategias, pero yo tengo que optar por una.

Una antigua historia explica que dos hombres se presentaron ante un juez. Uno contó su parte de la historia, y el juez le respondió: «Es correcto». El otro contó la suya, y el juez le respondió: «Es correcto». Los dos hombres dijeron: «Los dos no podemos tener razón». Ante lo que el juez volvió a responder: «Es correcto». Aunque tengamos una idea preconcebida que hace que queramos resolver las diferencias eligiendo entre una alternativa y otra o con un acuerdo, siempre es posible encontrar soluciones alternativas que aporten un beneficio a las dos partes. En vez de dejar que cada uno se encierre en sus posiciones, volvamos atrás y reiniciemos el debate. Hagamos que cada una de las partes en disputa defienda la posición opuesta, para que pueda entender que los argumentos contrarios también son válidos. Luego, encontremos una forma de que las dos partes tengan razón.

Soy un ejecutivo con montones de compromisos profesionales que está pasando una crisis personal.

Si no pudiera hacer esta entrevista porque tengo problemas en casa, te diría: «Alison, espero que me disculpes, pero ahora mismo mi cabeza está en otro sitio porque estoy pasando por una crisis». Y tú tal vez dirías: «Oh, no, yo también tuve una crisis la semana pasada. No pasa nada. Lo entiendo». Y luego, una vez superada la crisis, podríamos retomar lo que estábamos haciendo, con una nueva relación, que podría aportarnos cosas positivas en el futuro.

Soy un jefe que está evaluando a un empleado con bajo rendimiento.

Conviene aclarar que la evaluación es tu perspectiva personal, no la universal, y eso abrirá la conversación. Un estudiante o un trabajador pueden sumar uno y uno y obtener uno como resultado. El profesor o el jefe pueden decir: «incorrecto», o pueden intentar entender cómo la persona consiguió llegar hasta ese resultado. Luego, el trabajador puede argumentar: «Si añades un montón de arena a otro montón de arena, uno más uno son uno». Entonces, el jefe habrá aprendido algo.

Como jefe, puedes actuar como si fueras Dios y dejar a todo el mundo temblando. Pero así no aprenderás, porque nadie te va a contar nada, y tú te quedarás frustrado y solo. Estar en la cima no implica estar solo. Puedes estar en lo más alto y ser abierto.

¿Qué hay que hacer para que una organización sea más consciente?

Normalmente, cuando trabajo como consultora para una empresa, empiezo por mostrar a todos con qué falta de atención actúan y los beneficios que se están perdiendo por esa razón. Solo puedes permitirte actuar sin prestar atención al cien por cien si se cumplen dos condiciones: has encontrado la mejor manera de hacer las cosas, y no hay cambios. Dos condiciones que nunca se cumplen. Así que, si vas a trabajar, has de hacerlo totalmente consciente y atento a todas las cosas. Luego explico que hay distintos caminos para llegar a los mismos sitios y que, de hecho, ni siquiera puedes asegurar que el destino elegido sea el lugar adonde quieres llegar. Todo se ve diferente según el punto de vista desde donde se mira.

Les digo a los jefes que resulta más útil admitir el no saber («yo no sé, tú no sabes, nadie sabe»...) que actuar como si lo supieran todo: si todo el mundo finge que lo sabe todo, surgen toda clase de malestares y ansiedades.

Hay que eliminar la filosofía de «cero errores», porque lo que consigues con ello es una filosofía de «mentir siempre». Haz que la gente se pregunte: «¿Por qué? ¿Cuáles son los beneficios de hacerlo de esta forma en lugar de la otra?». Si logras esto, la gente se relaja más y, entonces, es más fácil ver qué oportunidades hay y poder aprovecharlas.

Hace años trabajé en una residencia geriátrica. Una enfermera entró quejándose de que una anciana no quería entrar en el comedor; quería quedarse en su habitación y comer chocolate. Así que metí baza y le dije: «¿Y qué hay de malo en ello?». Su respuesta fue: «¿Y si todo el mundo hiciera lo mismo?». Le dije: «Bueno, si todos hicieran eso, os ahorraríais un montón de dinero en comida. No, en serio, si todos lo hicieran, os estarían enviando un mensaje sobre cómo se prepara y se sirve aquí la comida. Si solo lo hace una persona de vez en cuando, ¿cuál es el problema? Si pasara siempre, tendríais una oportunidad para cambiar y poder mejorar».

Supongo que no te gustan las listas de verificación.

La primera vez que usas una lista de verificación está bien. Pero, después, la mayoría de la gente tiende a utilizarlas sin poner atención. Por ejemplo, en aviación se comprueba la configuración de los flaps para el despegue, el nivel de aceite y que el sistema anticongelación esté apagado. Pero, si va a nevar y el sistema anticongelación está inactivo, el avión se estrellará.

Las listas de comprobación no son malas si con ellas consigues obtener información cualitativa para casos o situaciones concretas. Por ejemplo, «Por favor, observe las condiciones meteorológicas y adapte a ellas el sistema anticongelación». O «¿En qué medida es el color de la piel del paciente distinto al que tenía ayer?». Al formular las preguntas de este modo, se potencia el mindfulness, se trae a la gente al momento presente, y así es más probable evitar un accidente de avión.

Y, por cierto, los comentarios atentos y concretos también sirven de ayuda en las relaciones interpersonales. Por ejemplo, si quieres hacerle un cumplido a alguien, decirle «se te ve bien» no será tan eficaz como si le dices «hoy te brillan los ojos».

Para hablar de ese modo, has de estar presente, y la gente se dará cuenta y te lo agradecerá.

Mindfulness y concentración

El entorno empresarial ha cambiado mucho desde que empezaste a estudiar el mindfulness. Se ha vuelto más complejo e incierto. Constantemente nos llegan nuevos datos y análisis. Parece que el mindfulness se vuelve cada vez más necesario para abrirse camino entre el caos pero, a su vez, el caos hace más difícil ponerlo en práctica.

Creo que el caos es una percepción. Se suele decir que hay demasiada información, y yo diría que no hay más que antes. La diferencia es que la gente ahora piensa que hay que saberlo todo, que cuanta más información tengan mejor será el producto y más dinero ganará la compañía. Pienso que eso no depende tanto de la cantidad de información que uno tenga como de la forma en que la interpreta. Y eso solo se puede hacer con conciencia.

¿Cómo ha cambiado la tecnología nuestra capacidad de actuar de forma consciente? ¿Es una ayuda o un impedimento?

Repito, uno puede aplicar el mindfulness a cualquier cosa. Hemos estudiado la multitarea y hemos descubierto que el que seas abierto y mantengas unos límites flexibles puede ser una ventaja. La información que obtienes en un sitio puede ayudarte en otro. Lo que debemos hacer es aprender desde la perspectiva divertida e intere-

sante de la tecnología e integrar lo que aprenda-
mos en nuestro trabajo.

*HBR publicó hace poco un artículo sobre la impor-
tancia de la concentración en el que Daniel Goleman
hablaba de la necesidad de explorar y explotar, en el
sentido de «usar». ¿Cómo concilias el mindfulness (la
búsqueda constante de diferentes opciones) con la capacidad de ponerse a trabajar y terminar las cosas?*

Una excesiva vigilancia o una atención muy concentrada probablemente no tenga sentido. Si voy galo-
pando sobre mi caballo por el bosque vigilando que
las ramas no me den en la cara, tal vez no vea las ro-
cas del suelo; entonces, mi caballo puede tropezar en
ellas y lanzarme por los aires. Pero creo que Dan no
se refiere a eso cuando habla de concentración. Lo
interesante es mantener un ligero estado de aper-
tura, de forma que estés atento a las cosas que estás
haciendo pero sin estar ausente a lo externo, porque
es entonces cuando te pierdes otras oportunidades.

Ahora en el ámbito de la gestión de empresas se habla más de mindfulness. ¿Cuándo te diste cuenta de que esas ideas que habías estado investigando durante décadas se habían hecho tan populares?

Estaba en una fiesta, y dos personas distintas se me acercaron y me dijeron: «Tu mindfulness está en todas partes».

Por otro lado, también he visto una película que empieza con alguien que va por Harvard Square preguntando a la gente qué es el mindfulness y nadie sabe qué responderle. Así que aún hay mucho trabajo por hacer.

¿En qué estás trabajando ahora?

El Langer Mindfulness Institute trabaja en tres áreas: salud, envejecimiento y espacio de trabajo. En el campo de la salud, nos gustaría averiguar hasta dónde llega la conexión mente-cuerpo. Hace unos años realizamos un estudio con unas camareras: perdían peso aquellas a quienes se les había dicho que su trabajo implicaba bastante ejercicio físico; y también estudiamos su vista, y observamos que los resultados de las pruebas de agudeza visual fueron mejores cuando en la gente se creaba la expectativa de que serían capaces de leer mejor las tablas optométricas sustituyendo letras pequeñas por otras más grandes. Actualmente, estamos utilizando el mindfulness para tratar muchas enfermedades que la gente cree que son incurables, para ver si al menos podemos aliviar los síntomas. También estamos haciendo «retiros contra el reloj» en todo el mundo (empezando en San Miguel de Allende, México) con técnicas probadas mediante investigación para ayudar a la gente a vivir con más valentía. Además, impartimos conferencias y consultoría sobre la integración entre vida personal y laboral, liderazgo y procesos estratégicos conscientes, reducción del estrés e innovación, con compañías como Thorlo y Santander, y organizaciones no gubernamentales como CARE y Vermont's Energy Action Network.

Me dicen que vuelvo locos a mis alumnos porque siempre llego con nuevas ideas. Tengo en mente algo así como un campo de mindfulness para niños. En un grupo de veinte niños, uno de los ejercicios podría ser el de ir dividiéndolos en subgrupos (niños/niñas, mayores/menores, pelo oscuro/pelo claro, ropa oscura/ropa clara) hasta que tomen conciencia de que cada uno de nosotros es único. Como llevo diciendo desde hace treinta años, la mejor manera de acabar con los prejuicios es potenciar la diversidad. Entonces haríamos algunos juegos y mezclaríamos a los equipos. O tal vez daríamos a cada niño la oportunidad de reformular las reglas del juego, para que quede claro que el rendimiento solo es un reflejo de la habilidad de cada uno bajo unas circunstancias concretas. Creo que, si durante un partido de tenis les dejásemos sacar tres veces, serían mucho mejores jugadores.

¿Qué idea te gustaría que los ejecutivos recordaran sobre el mindfulness?

Tal vez sonará sentimental, pero lo creo a pies juntillas: la vida son solo momentos, nada más. Si haces que el momento sea importante, todo importará. Puedes aplicar el mindfulness, o puedes actuar sin conciencia. Puedes ganar, o puedes perder. El peor caso es vivir sin conciencia y perder. Así que, cuando hagas algo, presta atención, percátate de qué novedades hay, haz que para ti sean significativas y prosperarás.

ELLEN LANGER, PHD, es profesora de psicología en la Universidad de Harvard y fundadora del Langer Mindfulness Institute. ALISON BEARD es editora sénior en *Harvard Business Review*.

Reimpreso de *Harvard Business Review*,
marzo de 2014 (producto #R1403D).

2

El mindfulness puede cambiar tu cerebro

Christina Congleton, Britta K. Hölzel,
y Sara W. Lazar

El mundo de los negocios está en plena ebullición con el mindfulness. Pero quizás el lector no sepa que este éxito no es infundado y que está respaldado por estudios científicos. Investigaciones recientes aportan sólidos indicios de que la práctica de una actitud no crítica y de la atención consciente en el momento presente (en otras palabras, el mindfulness) cambian la anatomía del cerebro. Se trata de una información tan relevante que resultaría muy conveniente que cualquier persona que trabaje en el complejo entorno empresarial actual debería conocer.[1]

En el año 2011 contribuimos a la investigación en este campo con un estudio en el que los participantes completaron un programa de mindfulness de ocho semanas.[2] Observamos un aumento importante en la densidad de su materia gris. Desde entonces, laboratorios de neurociencias de todo el mundo han investigado en qué medida la meditación, un camino fundamental para practicar el mindfulness, cambia el cerebro. Durante ese año, un equipo de científicos de la Universidad de British Columbia y de la Chemnitz University of Technology recogieron datos de más de veinte estudios para determinar qué áreas del cerebro se ven modificadas.[3] Se identificó un total de ocho regiones. En este texto nos centraremos en dos que creemos particularmente interesantes para los profesionales que trabajan en el ámbito empresarial.

La primera de estas áreas es el córtex del cíngulo anterior (CCA), una estructura ubicada profundamente tras la frente, detrás del lóbulo frontal. El CCA está asociado con la autorregulación; es decir, con la capacidad de dirigir la atención y la conducta de forma deliberada, de contener las respuestas reactivas inadecuadas y de cambiar las estrategias, aplicando la flexibilidad.[4] Aquellas personas cuyo CCA ha sufrido alguna lesión muestran impulsividad y agresividad descontroladas, y los individuos que presentan un daño en las conexiones entre esta área del cerebro y otras regiones obtienen resultados deficientes en las pruebas de flexibilidad mental: mantienen estrategias ineficaces para solucionar problemas, en lugar de adaptar su conducta.[5] Por otro lado, las personas que meditan muestran mejor rendimiento en las pruebas de autorregulación y en la resistencia a las distracciones, y suelen ofrecer más respuestas correctas que quienes no meditan. Además, la actividad en su CCA es mayor que en quienes no practican la meditación. Aparte de la autorregulación, el CCA está asociado con el aprendizaje desde experiencias pasadas para ayudar a la toma de decisiones óptimas.[6] Los investigadores señalan que el CCA resulta especialmente importante a la hora de afrontar la incertidumbre y unas condiciones rápidamente cambiantes.

La segunda región cerebral en la que queremos centrarnos es el hipocampo: un área que mostró mayores cantidades de materia gris en los cerebros de quienes habían participado en nuestro programa de mindfulness en 2011. Esta zona en forma de caballito de mar está situada bajo las sienes, a cada lado del cerebro, y forma parte del sistema límbico: un conjunto de estructuras internas asociadas con la emoción y la memoria. Está cubierta de receptores sensibles a la hormona del estrés llamada «cortisol», y los estudios han demostrado que puede resultar dañada por el estrés crónico, contribuyendo a la espiral nociva que el estrés causa en el cuerpo.[7] Y así es, las personas con trastornos asociados al estrés, como la depresión y el trastorno por estrés postraumático (TEPT) suelen mostrar un hipocampo más pequeño.[8] Todo lo anterior apunta a la importancia de esta área cerebral en la resiliencia, otra habilidad clave en el tremendamente exigente mundo de los negocios actual.

Estos hallazgos son solo el principio de la historia. Los neurocientíficos también han descubierto que la práctica del mindfulness afecta a zonas del cerebro asociadas con la percepción, la conciencia corporal, la tolerancia al dolor, la regulación de las emociones, la introspección, el pensamiento complejo y el sentido del yo. Aunque todavía hacen falta más investigaciones que documenten estos cambios y que ayuden a entender qué mecanismos subyacentes los soportan, las evidencias son mayoritarias y contundentes.

El mindfulness ya no se debe considerar como algo que está bien que los ejecutivos practiquen, sino como una aptitud obligatoria: una forma de mantener sanos a nuestros cerebros, de ayudar a autorregularnos y de potenciar nuestras habilidades para tomar decisiones eficaces, así como para protegernos del estrés tóxico. Se puede integrar en la propia vida religiosa o espiritual, o practicarse como un entrenamiento mental desprovisto de connotaciones trascendentes. Cuando nos sentamos, respiramos profundamente y nos comprometemos a mantenernos en estado de plena conciencia (en particular, cuando nos reunimos con otros que están haciendo lo mismo) tenemos la posibilidad de abrirnos al cambio.

CHRISTINA CONGLETON es consultora en liderazgo y cambio en Axon Leadership y ha investigado sobre estrés y cerebro en el Massachussets General Hospital y en la Universidad de Denver. Ha cursado un máster en desarrollo humano y psicología en la Universidad de Harvard. BRITTA K. HÖLZEL emplea las imágenes de resonancia magnética para investigar los mecanismos neuronales de la práctica del mindfulness. Fue investigadora en el Massachussets General Hospital y en la Facultad de Medicina de la Universidad de Harvard, y actualmente trabaja en la Universidad Técnica de Munich. Es doctora en psicología por la Universidad de Giessen, en Alemania. Sara W. LAZAR es investigadora en el departamento de psiquiatría del Massachussets General Hospital y profesora asistente en la la Facultad de Medicina de la Universidad de Harvard. El tema principal de sus investigaciones es el estudio de los mecanismos neuronales subyacentes a la práctica del yoga y la meditación, tanto en casos clínicos como en individuos sanos.

Notas

1. S. N. Banhoo, «How Meditation May Change the Brain», *New York Times*, 28 enero de 2011.
2. B. K. Hölzel et al., «Mindfulness Practice Leads to Increases in Regional Brain Gray Matter Density», *Psychiatry Research* 191, n.º 1 (30 de enero de 2011): 36-43.

3. K. C. Fox et al., «Is Meditation Associated with Altered Brain Structure? A Systematic Review and Meta-Analysis of Morphometric Neuroimaging in Meditation Practitioners», *Neuroscience and Biobehavioral Reviews* 43 (junio de 2014): 48-73.

4. M. Posner et al., «The Anterior Cingulate Gyrus and the Mechanism of Self-Regulation», *Cognitive, Affective, & Behavioral Neuroscience* 7, n.º 4 (diciembre de 2007): 391-395.

5. O. Devinsky et al., «Contributions of Anterior Cingulate Cortex to Behavior», *Brain* 118, parte 1 (febrero de 1995): 279-306; y A. M. Hogan et al., «Impact of Frontal White Matter Lesions on Performance Monitoring: ERP Evidence for Cortical Disconnection», *Brain* 129, parte 8 (agosto de 2006): 2177-2188.

6. P. A. van den Hurk et al., «Greater Efficiency in Attentional Processing Related to Mindfulness Meditation», *Quarterly Journal of Experimental Psychology* 63, n.º 6 (junio de 2010): 1168-1180.

7. B. K. Hölzel et al., «Differential Engagement of Anterior Cingulate and Adjacent Medial Frontal Cortex in Adept Meditators and Non-meditators», *Neuroscience Letters* 421, n.º 1 (21 de junio de 2007): 16-21.

8. S. W. Kennerley et al., «Optimal Decision Making and the Anterior Cingulate Cortex», *Nature Neuroscience* 9 (18 de junio de 2006): 940-947.

9. B. S. McEwen and P. J. Gianaros. «Stress- and Allostasis-Induced Brain Plasticity», *Annual Review of Medicine* 62 (febrero de 2011): 431-445.

10. Y. I. Sheline, «Neuroimaging Studies of Mood Disorder Effects on the Brain». *Biological Psychiatry* 54, n.º 3 (agosto de 2003): 338–352; y T. V. Gurvits et al., «Magnetic Resonance Imaging Study of Hippocampal Volume in Chronic, Combat-Related Posttraumatic Stress Disorder», *Biological Psychiatry* 40, n.º 11 (1 de diciembre, 1996): 1091–1099.

Adaptado del contenido publicado en hbr.org el 8 de enero de 2015 (#H01T5A).

3

Cómo practicar el mindfulness durante la jornada laboral

Rasmus Hougaard y Jacqueline Carter

Seguro que alguna vez has experimentado esta situación: llegas al trabajo con unos planes claros para el día y, luego, en cuestión de un instante, te das cuenta de que vas de regreso a casa. Has trabajado durante unas nueve o diez horas, pero solo has logrado completar algunas de tus tareas prioritarias. Y lo más probable es que ni siquiera recuerdes con exactitud qué has hecho durante el día. Si esto te resulta familiar, no te preocupes: no eres el único. Distintas investigaciones muestran que las personas pasamos casi el 47% de nuestras horas en vigilia pensando en algo distinto a lo que estamos haciendo.[1] Dicho de otro modo, durante muchas horas funcionamos en modo automático.

Súmale a eso que hemos entrado en lo que muchos han dado en llamar «economía de la atención». En la economía de la atención, la capacidad para mantener la concentración es tan importante como las habilidades técnicas o directivas. Y quienes resultan especialmente afectados por esta tendencia son los líderes, porque para tomar buenas decisiones deben ser capaces de absorber y sintetizar un flujo de información que no deja de crecer.

La buena noticia es que realizando algunos ejercicios de mindfulness durante el día es posible entrenar al cerebro para que se concentre mejor. Para convertirte en un dirigente más consciente y atento puedes seguir las siguientes pautas generales que hemos establecido a partir de nuestra experiencia con miles de ejecutivos de más de 250 organizaciones.

Antes de nada, empieza bien el día. Los investigadores han descubierto que durante los primeros minutos de la jornada se liberan la mayoría de hormonas del estrés.[2] ¿Por qué? Porque pensar en el día que tenemos por delante estimula nuestro instinto de lucha o huida y, en consecuencia, se libera cortisol a la sangre. Para evitarlo, prueba esto: cuando te despiertes, pasa dos minutos en la cama prestando atención solo a tu respiración. A medida que los pensamientos sobre el día vayan apareciendo en tu mente, deja que se desvanezcan y regresa a tu respiración.

Luego, cuando llegues a la oficina, tómate diez minutos en tu despacho o en tu coche para practicar el siguiente ejercicio breve de mindfulness y estimular a tu cerebro antes de sumergirte en cualquier actividad. Cierra los ojos, relájate y siéntate con la espalda recta. Céntrate en tu respiración. Mantén tu atención sobre la experiencia de respirar: inhala, exhala; inhala, exhala. Para mantener la atención en la respiración, cuenta en silencio cada exhalación. Cada vez que descubras que te has distraído, solo tienes que alejar el pensamiento que te distrae y volver a concentrarte en tu respiración. Lo más importante es que te permitas disfrutar de esos minutos. Durante el resto del día, distintas situaciones difíciles de priorizar, competirán para captar tu atención. Durante estos diez minutos, tu atención solo para ti.

Cuando hayas finalizado esta práctica y estés listo para trabajar, el mindfulness puede ayudarte a ser más eficaz. La mente de quienes practican el mindfulness presenta dos habilidades características: la *concentración* y la *conciencia*. La concentración es la capacidad de focalizar la atención en lo que estás haciendo en cada momento. La conciencia es la capacidad de reconocer y dejar ir las distracciones innecesarias cuando aparecen. Es importante entender que el mindfulness no es una práctica sedentaria: se trata de desarrollar una mente clara y aguda. Y dicha práctica es una gran alternativa al ilusorio ejercicio de la multitarea. Aplicar el mindfulness al trabajo significa realizar concentrada y conscientemente todas tus actividades desde que llegas a la oficina. Céntrate en la tarea que debes emprender y reconoce y libérate de las distracciones internas y externas a medida que vayan surgiendo. De esta forma, aumentarás tu eficacia, reducirás el número de errores e incluso aumentarás tu creatividad.

Para entender mejor el poder de la concentración y la conciencia, considera esa perpetua molestia que nos afecta a casi todos: la adicción al correo electrónico. Estos mensajes tienen la capacidad de atraer nuestra atención y redirigirla a tareas de prioridad inferior, ya que al completar tareas sencillas y breves nuestro cerebro libera dopamina, una hormona del placer.

Esta liberación nos hace adictos al correo electrónico y afecta a nuestra capacidad de concentración. En su lugar, aplica el mindfulness cuando abras tu bandeja de correo. *Concéntrate* en lo que es realmente importante y *sé consciente* de qué es simplemente ruido. Para empezar mejor el día, evita que leer el correo electrónico sea lo primero que hagas por la mañana. De este modo conseguirás esquivar el bombardeo de distracciones y problemas a corto plazo durante una parte del día que tiene un tremendo potencial de concentración y creatividad.

A medida que avanzan las horas y empieza la inevitable concatenación de reuniones, el mindfulness puede ayudarte a liderar sesiones de trabajo más cortas y eficaces. Para no llegar a una reunión con la mente en estado errante, tómate dos minutos para practicar algún ejercicio de mindfulness; algo que puedes hacer mientras te diriges a la cita. O, mejor aún, deja que los dos primeros minutos de la reunión se desarrollen en silencio, permitiendo que todos lleguen mental y físicamente al lugar. Luego, si es posible, concluye la sesión cinco minutos antes de la hora convenida para dejar que los participantes realicen una transición consciente a su próxima tarea.

A medida que el día pasa y tu mente comience a cansarse, el mindfulness puede resultar útil para mantener una mente lúcida y para no tomar malas decisiones. Activa una alarma en tu móvil para que suene cada hora. Cuando la oigas, detén la actividad que estés realizando y practica uno o dos minutos de mindfulness. Estas pausas te ayudarán a evitar pasar al modo automático y a caer en la adicción a la acción.

Por último, a medida que la jornada laboral se acerque a su fin y te prepares para regresar a casa, practica mindfulness. Como mínimo durante diez minutos del camino de vuelta, desconecta el teléfono y la radio y simplemente déjate llevar. Permite que se desvanezca cualquier pensamiento que surja. Presta atención a tu respiración. Así, irás liberando el estrés del día y podrás regresar a casa con una actitud de presencia completa para estar con tu familia.

El mindfulness no solo es vivir la vida a cámara lenta. Se trata de mejorar la concentración y la conciencia, tanto en el trabajo como en la vida. Se trata de eliminar las distracciones y de mantenerte alineado con los objetivos organizacionales e individuales. Toma el control de tu propia conciencia: prueba estas recomendaciones durante catorce días y comprueba qué resultados obtienes.

RASMUS HOUGAARD es fundador y director ejecutivo de The Potential Project, proveedor global de soluciones de mindfulness para las empresas. Es coautor, junto con Jacqueline Carter, de *One Second Ahead: Enhance Your Performance at Work with Mindfulness*. JACQUELINE CARTER es socia de The Potential Project y ha trabajado con líderes de todo el mundo, entre ellos ejecutivos de Sony, American Express, RBC y KPMG.

Notas

1. S. Bradt, «Wandering Mind Not a Happy Mind», *Harvard Gazette*, 11 de noviembre de 2010.
2. J. C. Pruessner et al., «Free Cortisol Levels After Awakening: A Reliable Biological Marker for the Assessment of Adrenocortical Activity», *Life Sciences* 61, n.º 26 (noviembre de 1997): 2539-2549.

Adaptado del contenido publicado en hbr.org el
4 de marzo de 2016 (#H02OTU).

4

Mejora tu resiliencia

Daniel Goleman

Hay dos formas de ser más resiliente: una es hablándote a ti mismo, la otra es reeducando a tu cerebro.

Si has sufrido un fracaso importante, sigue la sabia recomendación del psicólogo Martin Seligman en el artículo de HBR «Building resilience» (abril de 2011). Háblate a ti mismo. Proporciónate una intervención cognitiva y contrarresta los pensamientos derrotistas con una actitud optimista. Cuestiona tu pensamiento pesimista y sustitúyelo por una perspectiva positiva.

Afortunadamente, los fracasos importantes son infrecuentes en la vida.

Pero, ¿cómo recuperarse de los errores incómodos, de los pequeños contratiempos y de las molestias irritantes que son habituales en la vida de cualquier líder? De nuevo, la resiliencia es la respuesta, pero con una cualidad diferente. Necesitas volver a entrenar tu cerebro.

El cerebro tiene múltiples mecanismos para recuperarse de los daños diarios. Le basta con un mínimo de esfuerzo para mejorar su capacidad de reponerse rápidamente de las circunstancias adversas.

A veces nos enfadamos tanto que decimos o hacemos algo de lo que luego nos arrepentimos (¿a quién no le pasa esto de vez en cuando?). Ese es un signo inequívoco de que nuestra amígdala cerebral (el radar del cerebro que detecta el peligro y que dispara la respuesta de huida o lucha) ha secuestrado los centros ejecutivos del cerebro que se encuentran en el córtex prefrontal. La clave neuronal de la resiliencia está en la rapidez con la que nos recuperamos de este «estado de secuestro».

Los circuitos cerebrales que nos devuelven al estado de energía y concentración plenas tras el «secuestro» perpetrado por la amígdala cerebral se concentran en el lado izquierdo de nuestra área prefrontal, dice Richard Davidson, un neurocientífico de la Universidad de Wisconsin. También ha descubierto que, cuando estamos alterados, aumenta la actividad del lado derecho del área prefrontal.

Todos tenemos umbrales característicos de actividad izquierda/derecha que predicen la oscilación diaria de nuestro estado de ánimo: si la actividad se inclina hacia la derecha, estamos más alterados; si lo hace a la izquierda, nos recuperamos más rápidamente de cualquier tipo de aflicción.

Para solventar este problema en el lugar de trabajo, Davidson formó equipo con el director ejecutivo de una nueva empresa de biotecnología con un elevado nivel de presión y actividad, y con el experto en meditación Jon Kabat-Zinn, de la Facultad de Medicina de la Universidad de Massachussets. Kabat-Zinn ofreció a los empleados de la empresa formación en mindfulness: un método de entrenamiento de la atención que enseña al cerebro a registrar todo lo que ocurre en el momento presente con total atención, pero sin reaccionar.

Las instrucciones eran simples:

1. Encuentra un lugar tranquilo y a solas donde puedas evitar las distracciones durante unos minutos. Por ejemplo, enciérrate en tu oficina y silencia el teléfono.

2. Siéntate cómodamente, la espalda recta pero relajada.

3. Concentra tu conciencia en el acto de respirar, permaneciendo atento a las sensaciones de la inhalación y la exhalación, y empieza de nuevo con cada nueva respiración.

4. No juzgues tu respiración ni trates de cambiarla de ninguna manera.

5. Considera todo lo que venga a la mente como una distracción (pensamientos, sonidos, cualquier cosa). Deja que se vaya y presta atención nuevamente a tu respiración.

Después de ocho semanas de 30 minutos de práctica diaria de mindfulness, los empleados cambiaron la proporción de tiempo que pasaban en el lado del estrés desplazándose hacia el lado resiliente izquierdo. Y, más aún, confesaron haber recuperado aquello que les apasionaba de su trabajo: entraron en contacto con lo que más potenciaba su energía.

El mejor modo de obtener los máximos beneficios del mindfulness es practicarlo entre 20 y 30 minutos diarios. Tómatelo como una rutina de ejercicio mental. Puede ser muy útil recibir instrucciones, pero la clave es encontrar un espacio en el que puedas ejercitarlo integrándolo como un hábito diario más (se pueden encontrar instrucciones para una sesión práctica incluso para los trayectos largos en coche).

El mindfulness ha ido ganando popularidad de forma continua entre aquellos ejecutivos difíciles. Por ejemplo, se proporciona formación especializada en mindfulness para ejecutivos en hoteles lujosos que están de moda, como el Miraval Resort en Arizona, o también hay programas de mindfulness y habilidades de liderazgo en la Universidad de Massachussets. La Google University ofreció a sus empleados un curso de mindfulness durante años.

Si aprendes a practicar el mindfulness, ¿conseguirás mejorar el ajuste de los circuitos de tu cerebro que tienen que ver con la resiliencia? En los directivos de alto rendimiento, los efectos del estrés pueden ser sutiles. Mis colegas Richard Boyatzis y Annie McKee sugieren una forma general de diagnosticar el estrés causado por el liderazgo preguntándose: «¿Tengo una vaga sensación de inquietud e incomodidad, o la sensación de que la vida no es genial y simplemente creo que está bien?». Un poco de mindfulness devolverá el reposo a tu mente.

DANIEL GOLEMAN es codirector del Consortium for Research on Emotional Intelligence in Organizations en la Rutgers University, coautor de *Primal Leadership: Leading with Emotional Intelligence* (Harvard Business Review Press, 2013) y autor de *El cerebro y la inteligencia emocional.*

Adaptado del contenido publicado en hbr.org el
4 de marzo de 2016.

5

Agilidad emocional

*Cómo los líderes eficaces manejan
sus pensamientos y sus sentimientos*

Susan David y Christina Congleton

Dieciséis mil. Esa es la media de palabras que pronunciamos cada día. Así que imagina cuántas palabras que no llegamos a pronunciar se cruzan por nuestro cerebro. La mayoría no son información, sino evaluaciones o críticas mezcladas con emociones, algunas positivas y útiles («He trabajado duro y estoy listo para esta presentación». «Vale la pena hablar de este asunto». «El nuevo vicepresidente parece accesible»...) y otras menos («Me está ignorando a propósito». «Voy a parecer estúpido». «Soy un farsante»...).

La creencia general afirma que en la oficina no hay espacio para los pensamientos y los sentimientos complicados: los ejecutivos, y en especial los directores, deben ser estoicos o entusiastas. Deben desprender confianza y apagar cualquier asomo de negatividad. Pero esto va contra la biología básica. Cualquier ser humano sano tiene una corriente interior de sentimientos y pensamientos que incluyen la crítica, las dudas y el miedo. Así son nuestras mentes cuando realizan la función para las que han sido diseñadas: intentar anticiparse a los problemas y resolver los posibles inconvenientes.

En los trabajos de consultoría en el ámbito de la estrategia con personas que realizamos para empresas de todo el mundo, vemos cómo los líderes no tropiezan porque tienen pensamientos y sentimientos indeseables, algo inevitable, sino porque se quedan atrapados en ellos, como un pez en un anzuelo. Esto puede darse de dos maneras. Dan crédito a sus pensamientos tratándolos como vivencias («Me pasó lo mismo en el último trabajo... he sido un fracasado durante toda mi carrera») y evitan las situaciones que se los recuerdan («No voy a asumir más retos»).

O bien cuestionan el sentido de algunos pensamientos y tratan de racionalizarlos («No debería pensar cosas como esta... sé que no soy un fracaso total»), y en ocasiones se obligan a vivir situaciones similares, aunque entren en contradicción con sus valores y sus objetivos principales («Encárgate de esta nueva tarea, tienes que superar esto»). En cualquiera de los casos, están prestando demasiada atención a su debate interno y permitiendo que ello debilite importantes recursos cognitivos a los que podrían dar mejor uso.

Este es un problema frecuente que las estrategias de autogestión suelen perpetuar. Vemos a ejecutivos con desajustes emocionales recurrentes en el trabajo (ansiedad ante las prioridades, celos del éxito ajeno, miedo al rechazo, inquietud por el menosprecio a uno mismo) que han encontrado formas de «solucionarlos»: afirmaciones positivas, listas de tareas por prioridad, inmersión en ciertos trabajos. Pero cuando les preguntamos durante cuánto tiempo llevan arrastrando esos desajustes, la respuesta puede ser 10 años, 20 años o desde la infancia.

Queda claro que esas técnicas no son útiles; de hecho, existen suficientes investigaciones que demuestran que intentar minimizar o ignorar los pensamientos y las emociones solo sirve para amplificarlos. En un famoso estudio dirigido por el difunto Daniel Wegner, profesor de Harvard, aquellos participantes a quienes se les pidió que no pensaran en osos blancos tuvieron dificultades para hacerlo; más tarde, cuando se les permitió pensar en lo que quisieran, pensaron en osos blancos mucho más que el grupo que no había participado en la primera parte del experimento. Cualquiera que haya soñado con un pastel de chocolate y patatas fritas mientras seguía una dieta estricta entiende este fenómeno.

Los líderes eficaces no se autoconvencen o intentan reprimir lo que sienten; sino que dialogan consigo mismos de manera consciente, en coherencia con sus valores y para obtener una información provechosa, desarrollando lo que se denomina «agilidad emocional». En la compleja economía del conocimiento, que cambia a una velocidad de vértigo, esta capacidad para gestionar los propios pensamientos y sentimientos es esencial para el éxito de una empresa. Hay numerosos estudios, pasando por los del profesor de la Universidad de Londres Frank Bond, entre otros, que muestran que la agilidad emocional puede ayudar a las personas a aliviar su estrés, a reducir los errores, a ser más innovadores y a mejorar su rendimiento laboral.

Hemos trabajado con líderes de distintas empresas ayudándoles a desarrollar esta habilidad crítica. Aquí ofrecemos cuatro prácticas, adaptadas de la terapia de la aceptación y el compromiso (ACT, por sus siglas en inglés), dirigidas por el psicólogo de la Universidad de Nevada Steven C. Hayes. El objetivo de estas prácticas es reconocer tus propios patrones, etiquetar tus pensamientos y emociones, aceptarlos y actuar siguiendo tus propios valores.

El pez en el anzuelo

Empecemos por estudiar dos casos. Cynthia es una abogada corporativa sénior con dos hijos pequeños. Solía sentirse muy culpable porque creía que estaba perdiendo bastantes oportunidades, tanto en la oficina, donde sus compañeros trabajan ochenta horas a la semana mientras que ella trabaja cincuenta, como en casa, donde suele llegar demasiado cansada o distraída para relacionarse con sus hijos y su marido. Un sonsonete en su cabeza le repetía que, si no era mejor empleada, se arriesgaba a fracasar profesionalmente; otro le decía que, si no era mejor madre, podría caer en la trampa de descuidar a su familia. Cynthia deseaba que al menos una de las dos voces cesara. Pero eso no ocurrió, y como respuesta no levantaba la mano cuando se le presentaban nuevas oportunidades en la oficina y leía compulsivamente los mensajes de su móvil durante las cenas en familia.

Jeffrey, un ejecutivo en ascenso de una de las principales empresas de bienes de consumo, tenía un problema diferente. Era inteligente, tenía talento y ambición, pero a menudo se enfadaba con sus jefes cuando ignoraban su punto de vista, con sus subordinados si no seguían sus órdenes o con aquellos colegas que no trabajaban tan duro como el resto. En varias ocasiones había perdido los papeles en el trabajo, y le habían advertido que debía controlarse. Pero, cuando lo intentaba, creía que estaba asfixiando una parte básica de su personalidad, y se sentía aún más enfadado y molesto.

Estos dos líderes inteligentes y exitosos estaban enganchados a sus pensamientos y emociones negativos: Cynthia estaba absorbida por la culpa; Jeffrey estallaba de ira. Cynthia pedía a esas molestas voces que se marcharan; Jeffrey reprimía su ira. Ambos trataban de evitar la incomodidad que sentían. Estaban siendo dominados por su experiencia interior, intentando controlarla o bien cambiarla.

Desengancharse

Por suerte, tanto Cynthia como Jeffrey se dieron cuenta de que no podían continuar así y que necesitaban desarrollar estrategias de autoconocimiento más eficientes que les permitiesen desenvolverse personal y profesionalmente de manera más eficaz y feliz. Trabajamos con ellos para que adoptaran cuatro prácticas.

Reconocer tus patrones

El primer paso para desarrollar la agilidad emocional es darte cuenta de cuándo estás siendo atrapado por tus pensamientos y tus sentimientos. Es difícil hacerlo, pero hay distintos signos que te lo indican. Uno es que tu pensamiento se vuelve rígido y repetitivo. Por ejemplo, Cynthia empezaba a ver que sus autorrecriminaciones sonaban como en un disco rayado, repitiendo los mismos mensajes una y otra vez. Otra señal es que la historia que te relata tu mente te resulta familiar, como la repetición de alguna experiencia del pasado. Jeffrey se dio cuenta de que su actitud hacia algunos colegas («Es un incompetente». «No puedo dejar que nadie me hable así») le resultaba bastante familiar. De hecho, había sentido algo parecido en su trabajo anterior, y en el previo a ese. La fuente del problema no era solo el entorno de Jeffrey, sino sus propios patrones de gestión de sentimientos y emociones. Antes de poder iniciar un cambio, debes darte cuenta de que tienes un problema que te mantiene atrapado.

Etiquetar tus pensamientos y emociones

Cuando estás atrapado, dedicas tanta atención a tus pensamientos y tus sentimientos que tu mente se satura; no hay espacio para analizarlos. Una estrategia que puede ayudar a que te plantees tu situación más objetivamente es el sencillo acto de «etiquetar». Igual que llamas 'pala' a una pala, llama 'pensamiento' a un pensamiento y 'emoción' a una emoción. «No estoy haciendo nada en el trabajo ni en casa» se convierte en: «Estoy teniendo el pensamiento de que no estoy haciendo nada en el trabajo ni en casa». De forma similar, «Mi compañero de trabajo está equivocado, me irrita» se convierte en: «Estoy teniendo el pensamiento de que mi compañero de trabajo está equivocado, y me siento enfadado». Este tipo de etiquetado te permite ver tus pensamientos y sentimientos como lo que son: fuentes de información transitorias que pueden acabar siendo útiles o no. Los humanos somos perfectamente capaces de adoptar esta vista de pájaro para observar nuestras experiencias particulares, y un número cada vez mayor de evidencias científicas muestran que ejercicios simples y sencillos de mindfulness como este no solo mejoran la conducta y el bienestar, sino que además promueven cambios biológicos beneficiosos en el cerebro y en las células. A medida que Cynthia empezó a ralentizar y etiquetar sus pensamientos, las críticas que una vez la presionaron como una niebla densa se convirtieron en nubes que pasaban por un cielo azul.

Aceptarlos

Lo contrario del control es la aceptación: no actuar según cada pensamiento o rendirte a la negatividad, sino responder a tus ideas y emociones con una actitud abierta, prestándoles atención y permitiéndote sentirlas. Respira diez veces y observa qué ocurre en ese momento. Esto puede aliviarte, pero no tiene por qué hacerte sentir mejor. De hecho, tal vez te des cuenta de lo enfadado que estás. Lo importante es ser capaz de ofrecerte, a ti mismo y a los otros, algo de clemencia y analizar la realidad de la situación. ¿Qué está ocurriendo, tanto interna como externamente? Cuando Jeffrey reconoció sus sentimientos de frustración y angustia, y les dejó un espacio en lugar de rechazarlos, sofocarlos o pagarlo con otros, empezó a sentir renovada su energía. Fue la señal de que algo importante estaba en juego y de que necesitaba actuar de manera propositiva. En lugar de gritar a los demás, pudo pedir algo claramente a un colega o bien ocuparse rápidamente de un asunto urgente. Cuanto más aceptó Jeffrey su ira y la sometió a escrutinio, más parecía afirmar su liderazgo en lugar de debilitarlo.

Seguir tus propios valores

Cuando te desprendes de tus pensamientos y emociones difíciles, amplías tus expectativas. Puedes decidir actuar de una forma que se ajuste a tus valores. En nuestra empresa animamos a los líderes a que se centren en el concepto de «viabilidad»: ¿Tu respuesta será útil para la empresa y para ti mismo a corto y a largo plazo? ¿Servirá para que dirijas a los otros hacia vuestro propósito colectivo? ¿Te llevará a convertirte en el líder que quieres ser y a vivir la vida que quieres vivir? La corriente de pensamiento fluye constantemente y las emociones cambian como el tiempo, pero puedes apelar a tus valores cuando quieras, en cualquier situación.

Cuando Cynthia se planteó sus valores, reconoció que se sentía profundamente comprometida con su

¿CUÁLES SON TUS VALORES?

Esta lista se ha extraído de Personal Values Card Sort (2001) y ha sido desarrollada por W. R. Miller, J. C'de Baca, D. B. Matthews y P. L. Wilbourne, de la Universidad de Nuevo México. Puedes usarla para identificar con rapidez los valores que puedes aplicar a una situación difícil en el trabajo. La próxima vez que debas tomar una decisión, pregúntate si es coherente con estos valores.

Amabilidad	Conocimiento	Inconformismo	Realismo
Amistad	Cooperación	Justicia	Responsabilidad
Apertura	Creatividad	Logro	Riesgo
Aportación	Desafío	Maestría	Riqueza
Autenticidad	Desarrollo	Moderación	Salud
Autocono-	Diversión	Obligación	Seguridad
cimiento	Estabilidad	Orden	Sentido
Autonomía	Familia	Pasión	Servicio
Autoridad	Fiabilidad	Perdón	Simplicidad
Buena	Generosidad	Poder	Solidaridad
disposición	Honestidad	Popularidad	Tiempo libre
Comodidad	Humildad	Precisión	Tolerancia
Compasión	Humor	Racionalidad	Tradición

familia y su trabajo. Le encantaba estar con sus hijos, pero también le apasionaba la defensa de la justicia. Cuando se desembarazó de sus absorbentes y desalentadores sentimientos de culpa, decidió dejarse guiar por sus valores. Aceptó lo importante que resultaba para ella llegar a casa para cenar con su familia cada noche y resistirse a las interrupciones laborales durante ese tiempo. Pero también se comprometió a realizar distintos viajes de trabajo, aunque algunos de ellos coincidieran con actividades escolares a las que habría preferido asistir. Cynthia pudo encontrar paz y realización gracias a la confianza que le daba decidir según sus valores, y no según sus emociones.

———————————

Es imposible bloquear los pensamientos y emociones difíciles. Los directivos eficaces son conscientes de sus experiencias interiores pero no se quedan atrapados en ellas. Saben cómo movilizar sus recursos internos y comprometerse con acciones coherentes con sus valores. Desarrollar la agilidad emocional no es una cuestión rápida. Incluso aquellos que, como Cynthia y Jeffrey, practican de forma regular los pasos que hemos comentado aquí se encontrarán atrapados a menudo. Pero, con el tiempo, los líderes que los siguen de forma habitual son quienes tienen más posibilidades de crecer.

SUSAN DAVID es directora ejecutiva de Evidence Based Psychology, cofundadora del Institute of Coaching e instructora de psicología en la Universidad de Harvard. CHRISTINA CONGLETON es líder y consultora del cambio en Axon Leadership y ha investigado el estrés y el cerebro en el Massachusetts General Hospital y en la Universidad de Denver. Tiene un máster en psicología y desarrollo humano por la Universidad de Harvard.

Reproducido de *Harvard Business Review*,
noviembre de 2013 (producto #R1311L).

6

No dejes que el poder te corrompa

Dacher Keltner

En las investigaciones conductuales que he realizado durante los últimos veinte años he detectado un patrón inquietante: las personas acceden al poder gracias a características como la empatía, la colaboración, la franqueza, la ecuanimidad y la disposición a compartir, pero cuando comienzan a sentirse poderosas o disfrutan de una posición de privilegio, estas cualidades comienzan a desvanecerse. Los poderosos, más que otras personas, son más proclives a mostrar conductas groseras, egoístas y poco éticas. El historiador del siglo XIX y político Lord Acton lo entendió bien: el poder corrompe.

Llamo a este fenómeno «la paradoja del poder», algo que he estudiado en distintos entornos: universidades, el Senado estadounidense, equipos deportivos profesionales y diversos lugares donde se desarrollan actividades profesionales. En cada uno de ellos he observado que la gente asciende a partir de sus cualidades positivas, pero su conducta empeora progresivamente a medida que ascienden. El cambio puede ocurrir de forma sorprendentemente rápida. En uno de mis experimentos, conocido como el «estudio del monstruo de las galletas», reuní a grupos de tres personas en un laboratorio, asignando aleatoriamente el liderazgo a uno de ellos, y luego asigné al grupo una tarea de redacción. A la media hora del trabajo, colocábamos un plato de galletas recién horneadas (una galleta para cada miembro del equipo y una sobrante) delante de cada grupo. En todos ellos, cada persona tomó una galleta y, por cortesía, dejó la sobrante. La pregunta era: ¿quién se tomaría una segunda galleta, sabiendo que los demás se quedarían sin repetir? Casi siempre fue la persona a quien se había asignado el papel de líder. Además, los líderes fueron los que en mayor medida comieron con la boca abierta, se relamieron y mancharon su ropa con las migas de las galletas.

Diversos estudios muestran que la riqueza y los títulos pueden tener un efecto similar. En otro experimento, Paul Piff de UC Irvine y yo mismo vimos que, mientras los conductores de vehículos baratos (Dodge Colts, Plymouth Satellites) siempre cedieron el paso en los pasos para peatones, los conductores de coches de lujo como BMW y Mercedes lo hacían solo el 54% de las veces; en casi la mitad de las ocasiones ignoraron a los peatones y el código de circulación. Encuestas realizadas a empleados de veintisiete países revelaron que las personas ricas son más proclives a afirmar que algunas conductas poco éticas son aceptables, como aceptar sobornos o dejar de pagar impuestos. Y estudios recientes realizados por Danny Miller en HEC Montréal demostraron que los presidentes ejecutivos con un Máster en Administración y Dirección de Empresas son más propensos que aquellos que no lo tienen a mostrar conductas interesadas, que aumentan sus ganancias personales pero hacen que el valor de sus compañías descienda.

Estos hallazgos sugieren que los abusos de poder más sonados (la contabilidad fraudulenta de Jeffrey Skilling en Enron, las bonificaciones ilegales del CEO de Tyco Dennis Kozlowski, las «fiestas bunga bunga» de Silvio Berlusconi, la evasión de impuestos de Leona Helmsey) son ejemplos extremos del tipo de mal comportamiento al que tienden los líderes en cualquier nivel. Las investigaciones muestran que las personas en posiciones corporativas de poder son tres veces más dadas que las personas en posiciones inferiores a interrumpir a sus compañeros, a realizar varias tareas durante las reuniones, a levantar la voz y a decir palabras ofensivas en la oficina. Y las personas que acaban de ser promocionadas a posiciones sénior son particularmente vulnerables a perder sus virtudes, según indican mis investigaciones y otros estudios.

Las consecuencias pueden ser de largo alcance. El abuso de poder acaba manchando la reputación de los ejecutivos y debilitando sus oportunidades de ejercer su influencia. También crea ansiedad y estrés en sus colegas, hace descender el rigor y la creatividad del grupo y desbarata el compromiso y el rendimiento de sus miembros. En una encuesta reciente a ochocientos mánagers y empleados de diecisiete industrias distintas, aproximadamente la mitad de los encuestados que reconocieron haber recibido un trato grosero en el trabajo dijeron que, como respuesta, redujeron sus esfuerzos o la calidad de su trabajo de forma deliberada.

Entonces, ¿cómo evitar sucumbir a la paradoja del poder? A través de la conciencia y la acción.

La necesidad de reflexionar

Un primer paso es desarrollar mayor autoconciencia. Cuando asumes un papel sénior en una compañía es necesario que prestes atención a los sentimientos que acompañan al poder recién descubierto y a los cambios que experimenta tu conducta. Mis investigaciones muestran que el poder nos sitúa en un estado similar al de una actitud frenética, haciéndonos sentir expansivos, energéticos, omnipotentes, ansiosos por obtener recompensas e inmunes al riesgo; lo que nos lleva a acciones poco éticas, groseras y temerarias. Pero nuevos estudios en el campo de la neurociencia revelan que basta con reflexionar sobre esos pensamientos y emociones («Eh, me siento como si pudiera gobernar el mundo ahora mismo») para activar regiones de nuestros lóbulos frontales que nos ayudarán a mantener bajo control los peores impulsos. Cuando reconocemos y etiquetamos los sentimientos de alegría y confianza somos menos dados a dejarnos llevar por los pensamientos irracionales que nos inspiran. Cuando reconocemos los sentimientos de frustración (quizá causados porque nuestros subordinados no se comportan como querríamos) estamos menos inclinados a responder con actitudes beligerantes o antagonistas.

Puedes desarrollar este tipo de autoconciencia a través de prácticas diarias de mindfulness. Una de las opciones es sentarte en un lugar cómodo y tranquilo, respirando tranquilamente y concentrándote en la sensación de inhalar y exhalar, en las sensaciones físicas, en los sonidos o en observar tu alrededor. Los estudios ponen de manifiesto que pasar unos minutos al día haciendo este tipo de ejercicios nos proporciona una mayor calma y concentración, y esta es la razón por la cual técnicas como esta se enseñan en los programas de formación de empresas como Google, Facebook, Aetna, General Mills, Ford y Goldman Sachs.

También es importante que reflexiones sobre tu conducta y tus acciones. ¿Interrumpes a los demás? ¿Revisas tus mensajes mientras otros están hablando? ¿Has contado un chiste que haya avergonzado o humillado a otros? ¿Sueltas tacos en la oficina? ¿Te has apropiado alguna vez del mérito que correspondía al grupo? ¿Olvidas los nombres de tus compañeros de trabajo? ¿Gastas mucho más que antes o asumes riesgos físicos nuevos?

Si has respondido que sí a algunas de estas preguntas, tómalo como un aviso de que estás siendo tentado hacia muestras de poder arrogantes y problemáticas. Lo que a ti te parece inocuo tal vez no se lo parezca a tus subordinados. Piensa en esta historia que escuché hace poco sobre el protocolo de reparto de la comida al equipo de guionistas de una televisión por cable, que seguía, de forma innecesaria, un criterio jerárquico. Cada día, cuando llegaban los bocadillos para la comida del equipo, se distribuían a los guionistas por orden de antigüedad. Al no rectificar esta costumbre, los líderes del grupo estaban sin duda reduciendo el potencial creativo y colaborador del grupo. Por el contrario, piensa en los comedores militares de Estados Unidos, donde la práctica es la opuesta, como destaca el etnógrafo y escritor Simon Sinek en el título de su último libro, *Los líderes comen al final*. Los oficiales siguen la política de no ceder autoridad, pero de mostrar respeto a sus tropas.

Ser amable

Tanto si has comenzado a sucumbir a la paradoja del poder como si no, debes trabajar para recordar y repetir las conductas virtuosas que te ayudaron a ascender. Cuando formo a ejecutivos y a otros profesionales en posiciones de poder, me centro en tres prácticas esenciales que han demostrado que contribuyen a mantener un liderazgo benevolente, incluso en los entornos más despiadados: empatía, gratitud y generosidad.

Por ejemplo, Leanne ten Brinke, Chris Liu, Sameer Srivastava y yo mismo descubrimos que los senadores de Estados Unidos que emplearon expresiones faciales y tonos de voz que demostraban empatía cuando hablaban consiguieron más proyectos de ley aprobados que los que usaron gestos y tonos dominantes y amenazadores durante sus discursos. La investigación realizada por Anita Woolley del Carnegie Mellon y por Thomas Malone del Massachussets Institute of Technology (MIT) han expuesto igualmente que, cuando los compañeros de equipo muestran señales sutiles de comprensión, compromiso, interés y preocupación unos por otros, el equipo es más eficaz a la hora de encarar el análisis de problemas complicados.

Las pequeñas expresiones de gratitud también arrojan resultados positivos. Los estudios señalan que las parejas en las que sus miembros reconocen el valor del otro en conversaciones informales tienen menos probabilidades de romper su relación; que los estudiantes que reciben una palmadita de sus profesores tienen más probabilidad de resolver problemas difíciles, y que las personas que expresan aprecio a los demás en un grupo recién formado sienten vínculos más fuertes al grupo meses después. Adam Grant de Wharton ha observado que, cuando los mánagers se toman el tiempo de dar las gracias a sus empleados, estos trabajadores se comprometen más y son más productivos. Y mi propia investigación sobre los equipos de la NBA con Michael Kraus de la Universidad de Yale prueba que los jugadores que muestran físicamente su aprecio (mediante gestos como abrazos de oso y chocando el pecho y las caderas) inspiran a los compañeros de equipo a jugar mejor y ganan casi dos partidos más por temporada (una cifra estadísticamente significativa y que a menudo marca la diferencia entre entrar o no en los *playoffs*).

Sencillos actos de generosidad también pueden ser poderosos. Los estudios revelan que los individuos que comparten con otros en un grupo (por ejemplo, nuevas ideas o directamente ayudando en proyectos ajenos) se consideran más dignos de respeto e influencia y más adecuados para los roles de líder. En la Escuela de Negocios de la Universidad de Harvard, Mike Norton ha observado que, cuando las organizaciones prestan a sus empleados la oportunidad de donar a la beneficencia, estos se sienten más satisfechos y productivos.

Puede parecer difícil seguir constantemente la ética del «buen poder» cuando eres el jefe y tu responsabilidad es asegurar que los objetivos se cumplan. Pero no es tan difícil. Puedes cultivar tu capacidad para la empatía, la gratitud y la generosidad participando en conductas sociales sencillas cuando la oportunidad se presente: una reunión de equipo, una propuesta o negociación con un cliente, una sesión de *feedback* de 360 grados. A continuación, enumeramos algunas ideas.

Para ser más empáticos

- Formula una o dos buenas preguntas en cada interacción y parafrasea puntos importantes que otros hayan mencionado.

- Escucha atentamente. Orienta la mirada y el cuerpo hacia la persona que habla, y comunica interés y compromiso verbalmente.

- Cuando alguien venga a comentarte un problema, transmítele preocupación con frases como «lo siento» o «eso es muy duro». Evita hacer juicios y dar consejos demasiado rápido.

- Antes de una reunión, tómate un momento para pensar en la persona con la que vas a estar y en lo que pasa en su vida.

Arturo Bejar, director de ingeniería en Facebook, es un ejecutivo a quien he visto priorizar la empatía cuando orienta a su equipo de diseñadores, programadores, especialistas en datos y redactores. Viéndole en el trabajo me he dado cuenta de que todas sus reuniones tienden a estructurarse sobre un flujo de preguntas abiertas y que nunca deja de escuchar con atención. Se inclina hacia su interlocutor y escribe cuidadosamente en un cuaderno las ideas de todos. Estas pequeñas expresiones de empatía transmiten a su equipo que entiende sus preocupaciones y que quiere que triunfen juntos.

Para ser agradecidos

- Comunica tu sincero agradecimiento a las personas con las que te comuniques.

- Envía a tus colegas emails o notas de agradecimiento concretas y oportunas por los trabajos bien hechos.

- Reconoce públicamente el valor de cada una de las personas que colabora con tu equipo, incluidas las que prestan apoyo.

- Usa el contacto físico adecuado en cada caso (palmadas en la espalda, choques de nudillos o chocar los cinco) para celebrar los éxitos.

Cuando Douglas Conant era director ejecutivo de Cambpell Soup Company, ponía el acento en la cultura del agradecimiento en toda la organización. Cada día, él y sus asistentes ejecutivos pasaban hasta una hora buscando en su email y en la intranet de la compañía indicios de empleados que estaban marcando la diferencia. Conant les daba las gracias personalmente (a todos, desde los ejecutivos sénior hasta el equipo de mantenimiento) por sus aportaciones, por lo general con notas manuscritas. Calcula que escribía unas diez notas al día, con un total de unas 30.000 durante la década que estuvo en la compañía, y dice que solía encontrarlas en un lugar visible del espacio de trabajo de los empleados. Otros líderes a los que he formado han compartido otras tácticas: dar pequeños regalos a los empleados, llevarlos a cenar o comer a buenos restaurantes, celebrar actos de empleado del mes y poner en marcha tableros de agradecimiento en los que los trabajadores pueden dar las gracias a los compañeros por razones concretas.

Para ser generosos

- Busca oportunidades de pasar un poco de tiempo mano a mano con la gente a quien diriges.

- Delega algunas responsabilidades importantes y notorias.

- Elogia con generosidad.

- Comparte el mérito. Otorga reconocimiento a todos los que han contribuido al éxito de tu equipo y tu organización.

El director de Pixar, Pete Docter, es un maestro de esta práctica. Cuando trabajé con él por primera vez, en la película *Inside out*, sentía curiosidad sobre la maravilla cinematográfica que había creado cinco años antes: el montaje al principio de la película *Up*, que muestra al protagonista, Carl, cuando conoce y se enamora de una chica, Ellie; disfrutando una larga vida de casado con ella y luego viendo como ella desaparecía debido a una enfermedad. Cuando le pregunté cómo lo había conseguido, su respuesta fue una lista exhaustiva de 250 guionistas, animadores, actores, guionistas colaboradores, diseñadores, escultores, editores, programadores y animadores que trabajaron duramente con él. Cuando la gente pregunta por el éxito de taquilla de *Inside out*, siempre da una respuesta similar. Otra ejecutiva de Facebook con la que he trabajado, la jefa de producto Kelly Winters, comparte los créditos de forma similar. Cuando hace alguna presentación o conferencia sobre el éxito de su equipo, Compassion, siempre habla o enumera a los analistas de datos, a los ingenieros y a los especialistas en contenido que participaron.

Puedes superar la paradoja del poder practicando la ética de la empatía, la gratitud y la generosidad. Sacará a la luz el mejor espíritu colaborador y de trabajo de la gente que tienes a tu alrededor. Y tú también saldrás beneficiado, con una reputación impecable, un liderazgo de largo recorrido y con el placer que proporcionan las dopaminas que resultan de promover los intereses de otros.

DACHER KELTNER es profesor de psicología en la Universidad de California (Berkeley) y dirige la facultad de Greater Good Science Center.

Reproducido de *Harvard Business Review*,
octubre de 2016 (producto #R1610K).

7

Mindfulness para los que no tienen tiempo de meditar

Maria Gonzalez

Mindfulness casi se ha convertido en una palabra de moda. ¿Pero qué es en realidad? Explicado de forma sencilla, el mindfulness es estar presente y consciente, momento a momento, con independencia de las circunstancias.

Por ejemplo, los investigadores han observado que practicar mindfulness puede reprogramar el cerebro para que sea más racional y menos emocional. Cuando tuvieron que afrontar una decisión, los meditadores que practicaban mindfulness mostraron mayor actividad en la ínsula posterior del cerebro, un área vinculada a la toma de decisiones racionales. Esto les permitió tomar decisiones basadas más en los hechos que en las emociones. Esto es una buena noticia, ya que otras investigaciones han expuesto que, en realidad, el razonamiento está entrelazado con la emoción; son dos conceptos inseparables. Y más aún, nuestros sentimientos positivos y negativos sobre las personas, las cosas y las ideas emergen mucho más rápidamente que nuestros pensamientos conscientes, en cuestión de milisegundos. Apartamos la información amenazante y nos quedamos con la información amable. Aplicamos el acto reflejo de lucha y la huida no solo ante los depredadores, sino también ante las ideas.

Existen técnicas específicas que se practican para cultivar los beneficios del mindfulness. Tal vez hayas oído hablar de una técnica de mindfulness en la que meditas un rato antes de emprender las actividades cotidianas. Esto es valioso, sin duda alguna. Pero yo prefiero practicar el mindfulness durante todo el día, en cualquier circunstancia. En esencia, empiezas a vivir toda tu vida desde una perspectiva de mindfulness y, con el tiempo, no hay distinción entre tu práctica formal de mindfulness y hacer una presentación, negociar un acuerdo, conducir tu coche, hacer ejercicio o jugar al golf.

Prueba una técnica que yo llamo «micromeditaciones». Son meditaciones que se pueden practicar varias veces al día durante dos o tres minutos cada vez. Periódicamente, durante el día, presta atención a tu respiración. Puede ser en los momentos en que te sientas estresado o sobrepasado, con demasiado trabajo o poco tiempo, o quizás cuando notes que cada vez estás más distraído y agitado.

Primero, presta atención a la calidad de tu respiración. ¿Es superficial o profunda? ¿La estás aguantando y, al hacerlo, tal vez también tu estómago está encogido? ¿Están encorvados tus hombros?

Luego, empieza a respirar hasta hacer llegar la respiración a tu barriga. No te esfuerces. Si parece poco natural, trata de llevar la respiración al fondo del pecho. Si la mente divaga, regresa suavemente a la respiración, sin juzgarte por la momentánea pérdida de concentración.

Notarás que al efectuar regularmente estas micromeditaciones te vas volviendo más consciente y
calmado. Progresivamente, te encontrarás más consciente, calmado y concentrado. Es útil crear recordatorios para practicar estas meditaciones a lo largo del
día. Puedes ejercitarlas de dos a cuatro veces al día,
cada hora, antes de entrar en una reunión, o cada vez
que sientas que la multitarea está haciéndote perder
la concentración; lo que sea factible y te haga sentir bien. Las micromeditaciones pueden ponerte de
nuevo en marcha y ayudarte a desarrollar tu músculo
del mindfulness.

Una segunda técnica que utilizo es la que llamo
«mindfulness en acción». En lugar de añadir una
nueva rutina a tu día, experimenta lo que ya haces de
forma distinta, prestándole plena atención durante
unos segundos cada vez.

Por ejemplo, si alguna vez has estado en una reunión y de repente notas que te has perdido lo que
se acaba de decir porque estabas en algún otro sitio durante los últimos minutos, es muy posible que

no tuvieras una actitud de presencia. Quizá estabas pensando en la siguiente reunión, en las tareas pendientes de tu lista o en un mensaje que acaba de llegarte. O, a lo mejor, solo estabas en Babia. Es algo increíblemente común. Por desgracia, no estar presente puede causar malentendidos, pérdida de oportunidades y de tiempo.

La próxima vez que estés en una reunión, intenta no hacer nada más que escuchar durante unos segundos cada vez. Esto es más difícil de lo que parece, pero con la práctica serás capaz de escuchar continuamente, sin pausas en la concentración. Cuando notes que tu mente está divagando, regresa para escuchar la voz de la persona que está hablando. Puede que tengas que redirigir tu atención docenas de veces en una única reunión, algo extremadamente común. Siempre vuelve con suavidad y paciencia. Estás entrenando a tu mente para «estar aquí y ahora».

Como ya dije antes, estas técnicas pueden «reformatear» el cerebro. Como resultado ocurren tres hechos críticos: primero, aumenta tu capacidad de

concentración; segundo, ves las cosas con claridad
creciente, lo que mejora tu juicio; y tercero, desa-
rrollas la ecuanimidad. La ecuanimidad te permite
reducir el estrés fisiológico y emocional y mejora la
probabilidad de que encuentres soluciones creativas
a los problemas.

La práctica del mindfulness, y la obtención de sus
beneficios, no requiere una gran inversión de tiempo
o un entrenamiento especial. ¡Puedes empezar ya, en
este instante!

MARIA GONZALEZ es fundadora y presidenta de Argonauta
Consulting. Su libro más reciente es *Mindful Leadership: The
9 Ways to Self-Awareness, Transforming Yourself, and Inspi-
ring Others*. Recientemente ha lanzado una aplicación móvil
llamada Mindful Leadership.

Adaptado del contenido publicado en hbr.org el
31 de marzo de 2014 (producto #H00QLQ).

8

¿Perdemos algo cuando usamos el mindfulness como herramienta de productividad?

Charlotte Lieberman

omencé a practicar el mindfulness como tratamiento de recuperación tras superar una adicción al Adderall durante mi primer año en la facultad. Llegué a esa situación porque pensé que no pasaba nada por usar Adderall[1] como ayuda para concentrarme, una actitud que compartía con el 81% de estudiantes del país.[2]

Ese fármaco simplemente me parecía un atajo inofensivo para hacer las cosas de forma eficiente y sin esfuerzo. Todavía recuerdo lo agitadísima que estuve mi primera noche con Adderall: terminé cada página de la lectura de Faulkner que me habían encargado como trabajo de clase (una lectura nada fácil), empecé y finalicé un trabajo semanas antes del plazo de entrega

(¿y por qué no?), pasé la mopa por el suelo de mi habitación (dos veces) y respondí a todos mis emails pendientes (incluso los irrelevantes). También debo decir que esa noche se me olvidó cenar y que me desperté a las cuatro de la mañana con las mandíbulas contraídas y el estómago rugiendo. El sueño había desaparecido.

Lo que al principio me pareció un atajo para concentrarme mejor y aumentar mi productividad se acabó convirtiendo en un prolongado desvío hacia la autodestrucción. En lugar de pensar en la capacidad de concentrarme como el resultado de mi propio poder y de mi destreza, busqué fuera de mí, pensando que una píldora solucionaría mis problemas.

Para no extenderme, acabé entendiendo mi problema, dejé de tomar píldoras y encontré un antídoto para mi situación incapacitante: la meditación (en concreto, el mindfulness o la meditación Vipassana).

Así que me resulta algo irónico que el mindfulness haya seducido a los medios de comunicación precisamente por sus beneficios, científicamente probados, para la productividad y la concentración.[3]

Y no es solo porque yo haya llegado a la atención plena como una forma de recuperarme de los efectos de la enorme presión que me puse para ser productiva. Aunque el mindfulness no sea una pildorita azul, está empezando a verse como un atajo hacia la concentración y la productividad; algo no muy distinto al café de la mañana. Esta tradición de sabiduría asociada con el desarrollo personal y el conocimiento está siendo absorbida por nuestra cultura como una herramienta para progresar en la propia carrera profesional y para ser más eficientes. Pero, ¿debería utilizarse el mindfulness para alcanzar un objetivo determinado? ¿Es correcto pensar en una práctica que se centra en el «ser» solo como otra herramienta para «hacer»?

Eso es lo que parecen pensar las empresas. Dadas las expectativas que el mindfulness ha despertado, no es sorprendente que proliferen los programas de mindfulness dentro del entorno corporativo. Google ofrece clases de «Búsqueda interior» que enseñan meditación mindfulness en el trabajo. Tal como celebra David Gelles en su libro reciente *Mindful Work*, compañías como Goldman Sachs, HBO, Deutsche Bank, Target y Bank of America persiguen los beneficios asociados con la meditación para sus empleados.

El mundo del deporte profesional (más recientemente, la Liga Nacional de Fútbol Americano) también ha llamado la atención hacia la ayuda orientada a los resultados del movimiento general del mindfulness. Un artículo de 2015 en *The Wall Street Journal* que exploraba el éxito de los Seattle Seahawks en la Super Bowl de 2014 explicaba que el arma secreta del equipo para obtener el éxito fue que estuvieron dispuestos a trabajar con un psicólogo deportivo que enseñaba mindfulness. El entrenador asistente de los Seahawks Tom Cable llegó a describir al equipo como «increíblemente consciente».

Este artículo se escribió en enero, un mes antes de que los Seahawks perdieran la Super Bowl en 2015. A raíz de su derrota, escuché varias conversaciones entre conocidos y familiares (todos ellos aficionados al deporte y no meditadores aunque familiarizados con ello) en las que expresaban su escepticismo sobre el poder de la meditación para lograr la concentración y el éxito. Lo que quiero decir es ¿hasta qué punto podemos abrazar la meditación como herramienta para el éxito si un equipo conocido por seguir esta práctica pierde la Super Bowl?

Aún mucho, creo yo. Y me parece bien detenernos aquí para admitir (si aún no lo has hecho, extrae tus propias conclusiones) que la «comodificación» del mindfulness como una herramienta para la productividad me deja un extraño sabor de boca. Ante todo, me resisto a la actitud teleológica hacia la meditación: como una «herramienta» diseñada para un propósito concreto, supeditada a los resultados.

Y, sin embargo, mostrar este escepticismo me recuerda una antigua conversación con mi primo vegano. Está haciendo un doctorado en antropología biológica, es activista de los derechos animales y vegano desde hace años. Cuando le pregunté si le fastidiaba que todos los famosos estuvieran haciéndose veganos para perder peso, movió la cabeza con energía. «Prefiero que la gente haga lo correcto por la razón equivocada a que no hagan lo correcto», dijo (en este caso, lo correcto para él era el veganismo).

Esta filosofía también parece aplicable a la moda del mindfulness (o «McMindfulness»). Me alegra que más personas estén disfrutando de los innumerables beneficios de la meditación. Me alegra que ya no se vea a los meditadores entusiastas como hippies que huelen a pachuli. Si los programas de meditación para las empresas significan que el autocuidado del empleado se valora más en el lugar de trabajo, entonces que así sea.

Pero también creo que debemos considerar una forma alternativa de hablar de la meditación; en especial, en lo referente a la manera en la que nos relacionamos con nuestro trabajo.

Ver el mindfulness como una herramienta para cumplir las tareas que hemos de terminar nos mantiene atrapados en una mentalidad orientada al futuro, en lugar de animarnos a dilatar el momento presente. Por supuesto, esto no invalida los hallazgos de la neurociencia; el mindfulness nos ayuda a hacer más cosas. Pero ¿por qué no permitir que el mindfulness sea lo que es por propio derecho?, ¿por qué no dejar que tenga sus propios efectos, sin añadir un discurso de marketing a esta antigua práctica?

Se conoce a la psicóloga Kristin Neff por acuñar el término «autocompasión». En particular, Neff ha afirmado que el primer elemento de la autocompasión es la amabilidad, la capacidad de no hacer caso a esas voces que surgen cuando nos fallamos a nosotros mismos, cuando no conseguimos marcar como completadas todas las tareas de nuestra lista. Las otras dos partes de la autocompasión son la conciencia y la presencia plena. El objetivo no es hacer más cosas, sino entender que tal y como somos ya somos suficiente (y que nuestro valor no depende de lo que logramos terminar). Aunque los estudios han mostrado que el autoperdón en realidad ayuda a procrastinar menos.

No soy una idealista. No estoy diciendo que todo el mundo debería empezar a entregarse a la espiritualidad, dedicándose en exclusiva a la autocompasión y olvidando todo lo que hay en su lista de tareas. Lo que digo es que la compasión y la autocompasión tienen que pasar a primer plano cuando hablamos de midnfulness, incluso en los programas corporativos de mindfulness.

No hay nada malo en querer ser productivo en el trabajo. Pero tampoco es malo ser tolerantes con uno mismo y darse algo de amor en el trabajo cuando las cosas no son tan geniales como esperábamos.

CHARLOTTE LIEBERMAN es escritora y editora y vive en Nueva York.

Notas

1. Adderall es una droga psicoestimulante de la clase fenetilamina utilizada en el tratamiento del trastorno de hiperactividad con déficit de atención (TDAH) y la narcolepsia.
2. A. D. DeSantis y A. C. Hane, «'Adderall Is Definitely Not a Drug': Justifications for the Illegal Use of ADHD Stimulants», *Substance Use and Misuse* 45, n.º 1–2 (2010): 31–46.
2. D. M. Levy et al., «The Effects of Mindfulness Meditation Training on Multitasking in a High-Stress Information Environment», Graphics Interface Conference, 2012.
3. M. J. A. Wohl et al., «I Forgive Myself, Now I Can Study: How Self-Forgiveness for Procrastinating Can Reduce Future Procrastination», *Personality and Individual Differences* 48 (2010): 803–808.

Adaptado del contenido publicado en hbr.org el 25 de agosto de 2015 (producto #H02AJ1).

9

El mindfulness en el trabajo tiene sus riesgos

David Brendel

El mindfulness está alcanzando el estatus de culto en el mundo de los negocios. Pero, como ocurre con cualquier movimiento en auge e independientemente de sus beneficios potenciales, hay buenas razones para ser precavidos.

Defendido durante años por investigadores pioneros como Ellen Langer y Jon Kabat-Zinn, el mindfulness es una orientación mental y un conjunto de estrategias para centrar la mente en las experiencias que suceden aquí y ahora, como los movimientos del músculo abdominal durante la respiración o el gorjeo de las aves al otro lado de la ventana. Tiene sus raíces en antiguas filosofías orientales como el taoísmo y el budismo. La investigación empírica actual ha demostrado sus beneficios para reducir la ansiedad y el estrés mental.[1] Los resultados de un estudio reciente sugieren que también puede reducir el riesgo de ictus y de ataque cardíaco.

La meditación mindfulness y las prácticas relacionadas se aceptan hoy de forma generalizada. Un ejemplo es el artículo publicado en *New Republic* con el título «Cómo 2014 se convirtió en el año del mindfulness». El mindfulness también se ha tratado en el programa de reportajes de la CBS *60 Minutes* y ha sido alabado por el *Huffington Post*. Dan Harris, un famoso corresponsal de noticias de la ABC, ha publicado un *best seller* titulado *Ten Percent Happier*, donde describe su viaje de descubrimiento del mindfulness como una forma óptima de gestionar el trastorno de ansiedad que sufre. Cada vez hay más interés por conocer cómo el mindfulness se puede aplicar a la medicina clínica y a la psicología, y algunas grandes compañías de seguros están incluso planteándose el proporcionar cobertura con estrategias de mindfulness a algunos pacientes.

Como *coach* ejecutivo y médico, a menudo alabo las virtudes de la práctica del mindfulness y lo recomiendo a los clientes para manejar el estrés, evitar el agotamiento, mejorar la capacidad de liderazgo y calmar la mente cuando estamos en medio del proceso de tomar una importante decisión de negocios, transiciones de carreras y cambios en nuestra vida personal. A partir de conceptos de las filosofías orientales y de las evidencias de la investigación de la neurociencia actual, ayudo a algunos clientes a que empleen el control de la respiración y estrategias similares en nuestras sesiones y en sus vidas diarias.[2] También remito a mis clientes a colegas de confianza que enseñan yoga y mindfulness con mayor profundidad que en mis sesiones.

Pero mi creciente conocimiento y entusiasmo por el mindfulness está contenido ahora porque me preocupan sus potenciales excesos y el riesgo de que desplace a otros importantes modelos y estrategias para manejar el estrés, alcanzar un rendimiento máximo y llegar a la plenitud profesional y personal. A veces, da la impresión de que estamos viendo el desarrollo de un «culto al mindfulenss» que, si no se reconoce bien y se modera, puede conllevar una reacción en contra. Estas son dos de mis preocupaciones.

Evitar el riesgo

Algunas personas utilizan estrategias de mindfulness para evitar tareas mentales críticas. He trabajado con clientes que, en lugar de pensar racionalmente cuando se les plantea una dificultad en su carrera o ante un dilema ético, prefieren desconectar de sus desafíos y retirarse a una mentalidad meditativa. La cuestión aquí es que frente a determinados problemas resulta del todo imprescindible pensar, ni más ni menos. Algunas veces, el estrés nos señala que hemos de considerar nuestras circunstancias bajo un mayor pensamiento autorreflexivo, no como un alejamiento «consciente» para centrarse en la respiración o en otras experiencias sensoriales inmediatas. Las estrategias de atención plena pueden traer a la mente un pensamiento racional más sano, pero en ningún caso deben desplazar el pensamiento autorreflexivo. Uno de mis clientes pasó tanto tiempo meditando y aceptando «conscientemente» su vida en sus propios términos que no se cuestionó la actitud de los trabajadores con un mal rendimiento (ni disciplinó o despidió a los peores infractores) de su compañía. Después de períodos de meditación, le costaba volver a concentrarse y dirigir su pensamiento a la realización de tareas. Necesitaba recordatorios constantes y que, por mi parte, insistiera en que abrazar el budismo no significaba tolerar un mal rendimiento en sus empleados. La meditación consciente debe estar siempre al servicio de mejorar, no de desplazar, los procesos de pensamiento racional y analítico sobre la propia carrera y la vida personal.

El riesgo del pensamiento de grupo

A medida que las prácticas de mindfulness han llegado a la vida general en Estados Unidos, algunas organizaciones y compañías están animando de forma admirable a su gente a usarlas en el lugar de trabajo.[3] Pero conozco situaciones en las que esta nueva orientación ha ido demasiado lejos. En un caso, el director de una unidad de negocio en una empresa de servicios financieros pidió a sus subordinados directos que participaran varias veces a la semana en sesiones de mindfulness de 10 a 15 minutos en las que se seguían ejercicios guiados de respiración y visualización. Muchos participantes llegaron a temer el ejercicio. Algunos estaban muy distantes e incómodos, porque creían que las prácticas meditativas debían realizarse en privado. El mismo ejercicio pensado para reducir su estrés asociado al trabajo en realidad lo estaba aumentando. La práctica continuó durante varias semanas, hasta que varios miembros del grupo se atrevieron a decir al jefe que preferirían que los ejercicios fueran opcionales y que no hubiera represalias para quienes no los realizaran. El mindfulness tiene sus raíces en una filosofía y una psicología de la autoeficacia y del autocuidado proactivo. Imponerlo a las personas desde la jerarquía de arriba abajo degrada la práctica y a las personas, que podrían beneficiarse si lo aplicaban por su propia voluntad.

El hecho de que el mindfulness se haya convertido en un fenómeno cultural importante en los Estados Unidos de hoy, y en el mundo de los negocios en particular, puede ser una buena noticia para las personas que tienen que manejar el estrés, el agotamiento y otras realidades contemporáneas en su lugar de trabajo. Pero estas prácticas se deben incorporar como una más entre otras estrategias escogidas por las personas que quieren afrontar el estrés, pensar con eficacia, tomar decisiones fundamentadas y sentirse satisfechas. El mindfulness debe utilizarse para mejorar nuestros procesos de pensamiento racionales y éticos, no para limitarlos o desplazarlos. Y nunca debe imponerse a las personas; en especial, en el lugar de trabajo. En definitiva, el mindfulness será un gran logro de la cultura occidental si se enfoca en crear oportunidades para que los individuos descubran sus propias estrategias para reducir las ansiedades, manejar el estrés, optimizar el rendimiento laboral y alcanzar la felicidad y la satisfacción.

DAVID BRENDEL es coach ejecutivo, especialista en desarrollo de liderazgo y psiquiatra con sede en Boston. Es fundador y director de Leading Minds Executive Coaching y cofundador de Strategy of Mind, una empresa de desarrollo de liderazgo y coaching.

Notas

1. J. Corliss, «Mindfulness Meditation May Ease Anxiety, Mental Stress», *Harvard Health Blog*, de enero de 2014.
2. M. Baime, «This Is Your Brain on Mindfulness», *Shambhala Sun*, julio de 2011, 44–84; y «Relaxation Techniques: Breath Control Helps Quell Errant Stress Response», *Harvard Health Publications*, enero de 2015.
3. A. Huffington, «Mindfulness, Meditation, Wellness and Their Connection to Corporate America's Bottom Line», *Huffington Post*, 18 de marzo de 2013.

Adaptado del contenido publicado en hbr.org el
11 febrero de 2015 (producto #H01VIF).

Índice

Serie Inteligencia Emocional
Harvard Business Review

Esta colección ofrece una serie de textos cuidadosamente selecciona-dos sobre los aspectos humanos de la vida laboral y profesional. Mediante investigaciones contrastadas, cada libro muestra cómo las emociones influ-yen en nuestra vida laboral y proporciona consejos prácticos para gestionar equipos humanos y situaciones conflictivas. Estas lecturas, estimulantes y prácticas, ayudan a conseguir el bienestar emocional en el trabajo.

Con la garantía de **Harvard Business Review**

Participan investigadores de la talla de
Daniel Goleman, Annie McKee y **Dan Gilbert**, entre otros

Disponibles también en formato **e-book**

Solicita más información en revertemanagement@reverte.com
www.reverte.com

Consejos inteligentes a partir de una fuente fiable

Guías Harvard Business Review

En las **Guías HBR** encontrarás una gran cantidad de consejos prácticos y sencillos de expertos en la materia, además de ejemplos para que te sea muy fácil ponerlos en práctica. Estas guías realizadas por el sello editorial más fiable del mundo de los negocios, te ofrecen una solución inteligente para enfrentarte a los desafíos laborales más importantes.

Guías HBR

La colección que incluye las mejores ideas prácticas sobre los temas más buscados del mundo de los negocios.

Títulos publicados

- Controla el Estrés en el Trabajo
- Presentaciones Persuasivas
- Mejora tu Escritura en el Trabajo
- Políticas de Oficina
- Mejora tu productividad

- Céntrate en el Trabajo Importante
- Gestión de Proyectos
- Finanzas Básicas
- Inteligencia Emocional

Disponibles también en formato **e-book**
